AF232459

Oc
1142

# AFFAIRES
# D'ESPAGNE.

1838

Cette Note n'étant pas destinée à être livrée au commerce, cent exemplaires seulement ont été tirés.

Valence , imprimerie de J.-F. Joland

BIBLIOTHÈQUE ROYALE

# AFFAIRES D'ESPAGNE.

A l'extrémité de l'Europe, entre l'Océan et la Méditerranée , est assise une vaste péninsule dont les habitans ont pour principale vertu le courage.

Les phases de leur histoire sont belles et aisées à suivre. — Guerriers sous les Romains, guerriers sous les Goths et les Maures, ils furent guerriers, et à leur tour ambitieux sous les Princes de la Maison d'Autriche. Pendant les quinze siècles de ces périodes ils eurent tous les courages, celui même des privations, mais jamais celui du travail.

Lorsque, après cette longue série de déchiremens intérieurs, ils eurent acquis cette espèce d'assiette politique dont les peuples ne s'écartent guère plus que pour décliner, leurs législateurs essayèrent de faire servir leurs loisirs à leur prospérité, comme leurs travaux avaient servi à leur gloire. Ferdinand, Ximénès, Charles-Quint donnèrent une suite de réglemens administratifs qui, malgré leur sagesse, ne furent jamais exécutés. Loin de retirer, comme les autres peuples, quelque profit de la domination étrangère, ils méconnurent les bienfaits que dans sa sagesse la providence mêle avec les maux et les châtitimens qu'elle envoie aux nations. Aussi le peu d'agriculture, d'industrie et de commerce qui leur avait été imposé par les Romains et les

Maures, au lieu de s'étendre par la paix, disparurent-ils avec ces différentes dominations. — L'enthousiasme de l'honneur et de la religion avait dégénéré, par la paix, en fierté et en paresse.

La découverte de l'Amérique ne contribua pas peu à cette œuvre de destruction morale, et on ne saurait dire si les gallions du Mexique furent plus préjudiciables à l'Espagne, quand ils arrivaient chargés de richesses qui n'avaient coûté aucun travail à ses possesseurs, ou quand ils partaient emmenant avec eux ce que les campagnes avaient de peuple plus industrieux et plus travailleur.

Unie, grande, habituée à vivre sous un seul maître ; voilà ce qu'était l'Espagne quand elle abaissa ses Pyrénées devant le petit-fils du grand Roi. — Le jeune souverain ne vit pas ses campagnes désertes, entra dans des villes de luxe et de plaisirs, se vit entouré d'une noblesse dont les exploits n'étaient pas assez éloignés pour qu'elle ne pût encore en parler et s'y reposer avec honneur ; — et subissant bientôt l'influence du climat, il alla s'endormir au centre de ses domaines, sur lesquels le soleil ne se couchait pas.

L'Europe, qui avait cru se partager l'héritage de Charles II, essaya bien de protester contre ce testament. — Les batailles de Saragosse et de Villa-Viciosa furent les plaidoieries de ce grand procès, qui fut jugé en définitive à Utrecht.

Philippe V, en montant sur le trône d'Espagne, avait apporté avec lui la magnifique tradition de régner de son aïeul, et rien ne pouvait mieux convenir au caractère espagnol ; aussi ses peuples avaient-ils bientôt participé de cet amour chevaleresque pour leur souverain, dont aucune nation n'a donné autant de sublimes exemples que celles gouvernées par la noble maison de Bourbon.

D'ailleurs, l'Espagne était fatiguée de ses rêveries de monarchie universelle, dont les Princes de la Maison d'Autriche lui faisaient payer les frais. Et la loi salique, que la nouvelle dynastie lui apportait en largesse de joyeux avènement, terminait pour toujours les incessantes guerres de succession qui l'avaient déchirée jusqu'alors.

Aussi cette loi, qui assurait de nombreuses et riches provinces sur la tête des mâles, par ordre de primogéniture, fut-elle acceptée avec enthousiasme par les peuples, sanctionnée légalement par les Cortès du royaume; et consacrée par les traités avec les puissances étrangères, elle fut pour l'Espagne et pour l'Europe entière un gage de sécurité et de paix.

Un siècle s'écoule pendant lequel le caractère espagnol ne fut soumis à aucune nouvelle épreuve. L'engourdissement des membres de la monarchie avait gagné la tête, et, administration et gouvernement, tout dormait en Espagne, quand un jour elle se réveilla conquise par les armées du soldat qu'avait couronné la France révolutionnaire.

Le réveil fut glorieux : on sait son courage et ses héroïques privations, et la sainteté de sa cause fait presque oublier sa barbarie. Nul doute qu'elle ne contribua beaucoup au rétablissement de la tranquillité en Europe. En 1814, Ferdinand VII remonta sur le trône de ses pères. En vrai Espagnol qu'il était, l'adversité ne lui avait rien appris. Son enfance s'était écoulée sous le règne du Prince de la Paix, et sa jeunesse à Valençay. Ce double exemple du triomphe du vice et du crime le fit douter de la providence. Il fut un mauvais roi. Sa politique fausse et jalouse lui aliéna le cœur de son peuple et et de la noblesse qui l'entourait, qu'elle acheva d'avilir. Aussi quand, à sa mort, on proclama que son bon vouloir avait été de détruire le pacte par lequel il tenait sa couronne, personne ne douta qu'il n'eût été capable de cet acte de criminelle démence.

Nous voici arrivés à l'origine de cette sanglante querelle qui déchire l'Espagne. Cette usurpation, élaborée dans le boudoir de deux jeunes princesses (1), entre une marchande de modes et un billet galant, n'aurait eu, dans tout autre pays que l'Espagne, pas même quelques instans d'existence. Mais là, elle eut de belles chances. La noblesse indifférente laisse faire. Que lui importe à elle, pourvu qu'il y ait un maître à servir et un favori à flatter. On occupe

______

(1) La reine veuve et l'infante dona Carlotta.

le peuple à voir défiler les pompeuses funérailles du roi défunt, quelques généraux gagnés se prononcent ; l'armée obéit, et tout eût été dit si les provinces, comprenant que des princes qui respectaient si peu les lois de leur propre famille, pourraient bien respecter moins encore leurs franchises, n'avaient fait entendre le cri de leur protestation au milieu des fêtes du couronnement.

Ce cri de bravoure et de liberté ne retentit jamais vainement en Espagne, et celui-ci trouva mille échos qui le répétèrent. L'usurpation à son tour fut surprise. Des bandes insaisissables se formèrent. La noblesse du second ordre, qui n'avait pas oublié les cris de guerre de Pélage et de Ferdinand, rechaussa ses éperons d'or, et les officiers de vieilles bandes de 1810 vinrent donner le peu de sang et de talens qui leur restaient. Valence et ses populations de sang grec virent sans faiblir le supplice du comte de Saint-Mitié. La Catalogne fournit Cabrera ; la Navarre, Santos-Ladron ; et l'armée espagnole, le grand Zumalacarregui.

Don Carlos de son côté n'oublia pas qu'il était

petit-fils de Henri IV et de Philippe V. Il partit du pays dont les souverains ont pour devise : *Dieu, et mon droit*, et accompagné d'une de ces sublimes mauvaises têtes qui font quelquefois la fortune des empires, il salua son cousin de France, et dans sa marche rapide comme le vol d'un aigle, il s'abattit de l'autre côté des Pyrénées.

Là, vraiment il fut salué en roi ; car lorsque deux ans après, frappé d'une balle anglaise, mourut le grand Zumalacarregui, ce héros lui légua ( héroïque héritage ) un petit royaume assuré, trois amées ennemies détruites et 50,000 fidèles soldats répandus sur toute l'Espagne.

Quelle avait été pendant ce temps la marche de l'usurpation ? Ne voyant autour d'elle que sa fidèle grandesse, vraie cariatide d'anti-chambre, elle voulut aussi se faire populaire. On se ressouvint du vieux liberalisme espagnol. En Belgique, en France, en Italie, partout on alla en chercher les restes éparpillés. La veuve et la fille de Ferdinand caressèrent et dinèrent avec Mina et le Pastor, bons amis qui dix ans auparavant avaient tenu ce roi emprisonné. Le libéralisme reprit courage, se sentit renaître ; pour se rajeunir, se donna un bain de sang à Saragosse, et alla remercier la reine à la Granja.

Alors plus effrayée peut-être de ses nouveaux amis que de ses ennemis, l'usurpation pensa à se procurer des alliés. Elle regarda autour d'elle et malheureusement ne fut pas embarrassée. En Portugal, une jeune reine usurpatrice n'osait plus sortir de son palais; là nécessairement elle devait trouver de la sympathie. L'Angleterre qui avait toujours été le mauvais génie de l'Espagne ne devait pas lui manquer dans cette occasion. D'ailleurs les whigs, qui au temps de Philippe V avaient envoyé Lord Stanhope, étaient alors au pouvoir : pour une usurpation ou une révolution, ils sont une ressource assurée. Quant à la France, n'avait-elle pas encore à son service le propriétaire du chateau de Valençay?

On se mit à négocier et bientôt fut signé le traité de quadruple alliance.

En exécution de ce traité dona Maria envoya un corps de 10,000 portugais qui paradèrent deux ans sur les bords de l'Èbre, au bout duquel temps se rencontrant, bien malgré eux, avec une force carliste trois fois moindre (1), ils furent complétement dispersés, et las de leurs exploits rentrèrent chez eux, bafoués par les alliés qu'ils étaient venus secourir.

L'Angleterre s'exécuta plus consciencieusement. Elle prêta à l'Espagne quelques millions à trois cents pour cent d'intérêts, organisa un blocus strict pour les marchandises des autres pays et une contrebande admirable pour les siennes, s'empara des deux meilleurs ports de la côte-nord d'Espagne et s'y fortifia (2). Voilà ce qu'elle fit pour elle. Voyons ce que lord Palmerston fi pour l'Espagne.

Outre les nombreuses croisières, les secours de vivres, de munitions, les armes et effets d'équipement de tout genre, ce ministre mit à la disposition des généraux d'Isabelle une légion

(1) Mois d'août 1837, départ de l'expédition commandée par le général carliste Zariateguy.
(2) Saint-Sébastien et le Passage.

composée de sujets britanniques. Cette légion, commandée par un colonel et des officiers de l'armée Anglaise, battue toutes les fois qu'elle s'éloigna de quelques milles des remparts de ses garnisons, s'empara pour unique exploit, après trente heures de feu, d'une petite ville ouverte (1), défendue par trois cents paysans et vingt artilleurs, les vaincus mettant pour condition que des Anglais ne les relèveraient pas au poste d'honneur. Et en définitive, cette légion, de retour à Saint-Sébastien, fut honteusement désarmée et licenciée par le plus infâme des généraux d'Isabelle (2).

Lord Palmerston fit mieux. Des écoles spéciales d'Angleterre, il fit passer en Espagne des batteries d'artillerie et des compagnies de génie, qui, comptant toujours dans les rangs de l'armée de terre anglaise, servirent sous le drapeau de la révolution espagnole, violant ainsi le traité même de la quadruple alliance qui défendait toute intervention directe.

(1) Irun.
(2) Le brigadier O'Donel.

Je ne parle pas du secours moral que le *Noble Lord* a accordé à son alliée en facilitant et faisant répandre les calomnies les plus infâmes et les plus absurdes contre Don Carlos et ses fidèles serviteurs.

A quoi ont abouti au reste toutes ces infamies, ces violations de traités et nous dirons même, du droit des gens? A peine ont-ils retardé de quelques mois la solution de cette guerre, prolongeant ainsi les maux qui pèsent sur l'Espagne; et ces soldats, vrais John Bulls, boxant leurs officiers, vendant leurs armes et leurs chemises pour quelques schellings, pillant et volant partout où ils le pouvaient sans danger, qu'ont-ils fait pour leur pays, si ce n'est de souiller par une page d'infamie la noble histoire militaire de la grande Bretagne (1).

Voilà l'œuvre de Lord Palmerston.

(1) Tout en blâmant sévèrement la conduite de la légion anglaise, nous nous empressons pourtant de rendre justice à qui de droit, et de dire que la plupart des officiers de cette légion, conduits en Espagne par une conviction autre que la nôtre, ou par un noble amour pour leur art, ont, par leur conduite et leur courage, protesté noblement contre les infamies auxquelles on les associait.

La France aussi fournit son contingent d'argent et d'hommes ; mais à Dieu ne plaise que nous voulions comparer à la légion britannique ces pauvres aventuriers jetés, bien malgré eux, sur les côtes d'Espagne par l'orgueilleuse légèreté d'un ministre qui ne s'était formé aux affaires que dans les bureaux d'un journal. Eux au moins ont combattu et sont morts en braves pour obéir à la nation qui leur a fait payer si cher son hospitalité.

Au milieu de tous ces orages soulevés contre lui, Don Carlos et son courage ne faiblirent pas. Il s'avança lentement, mais d'un pied sûr, créant et organisant à mesure qu'il avançait. Les armes et les munitions, ses soldats les trouvaient sur les ennemis vaincus. Ses ressources pécuniaires étaient nulles, il voulut s'en créer ; mais en fier gentilhomme Castillan qu'il est, il voulut d'aussi bonnes conditions que son compétiteur, et ses chances n'étaient pas les mêmes auprès des prêteurs. De là ces différens emprunts essayés et mal réussis qui, joints à quelque secours provenant d'autres sources, n'arrivent pas au vingtième de ce que la quadruple alliance a fourni à l'usurpation.

L'esprit de son armée, entièrement composée dans le principe de Basques et de Navarrais, l'obligea quelquefois à des fautes : tels sont le décret de Durango et le siége trois fois repété de Bilbao (1). Pour y remédier Don Carlos fit sillonner l'Espagne par plusieurs expéditions. Outre qu'elles tenaient en échec et affaiblissaient les ennemis, ces différens corps, établissant des

(1) C'est ici que nous devons parler du décret de Durango. Don Carlos qui recula toujours autant qu'il put devant l'exécution de cette mesure juste, mais si sévère, se la vit arracher par l'exaspération de ces populations qui voyaient avec rage leurs efforts et leurs sacrifices paralysés par l'intervention de nations étrangères à leurs querelles, et que d'ailleurs elles n'avaient appris à connaître que pour les haïr ou les combattre. Telle est la vérité de ce que nous avançons, que jamais, hors des provinces Basques et de la Navarre, une seule exécution de ce genre n'a eu lieu. En Catalogue, en Aragon, à Valence, partout les étrangers comme les Espagnols ont participé aux bénéfices de la convention Elliot, et Cabrera lui-même, à qui l'ombre sanglante de sa mère assassinée a inspiré quelquefois de sanglantes représailles, Cabrera, dis-je, au temps encore où il ne pardonnait jamais à un Espagnol, a échangé contre quelques-uns des siens, des officiers polonais qui étaient entre ses mains.

relations momentanées entre lui et ses provinces éloignées, présentaient le double avantage d'affaiblir et de briser insensiblement cet esprit exclusivement provincial qui régnait dans son armée, et auquel souvent il avait été forcé de se soumettre, et de ne pas dégarnir les champs Basques et de la Navarre, seules provinces dont il tirait ses subsistances.

L'Europe entière avait les yeux sur l'Espagne. Les puissances, signataires du traité de quadruple alliance commençaient à douter du sort de leur protégées et lui refusaient de nouveaux secours. Celles qui n'avaient pas concouru à cette œuvre d'injustice, sans chercher à cacher leur sympathie pour la cause de Don Carlos, n'étaient pas encore assez éclairées sur l'opinion du peuple Espagnol, et en attendant plus ample informé observaient religieusement le principe de non-intervention consacré par les traités européens. Tout le monde attendait avec anxiété cette manifestation. Il fallut en fournir l'occasion, une expédition où Don Carlos se trouverait en personne fut résolue. Celle de Gomez en faisait pressentir le résultat.

Une manœuvre qui ne manquait pas d'habileté fit concentrer les troupes ennemies sur les glacis de Saint-Sébastien au point le plus septentrional de l'Espagne.

Le roi partit, douze mille hommes autour de lui, 10,000 francs dans ses caisses. Voilà toutes les forces avec lesquelles il va affronter la nouvelle levée de cent mille hommes décrétée par le ministre Mendizabal, et tenter la fortune de l'Espagne. Sublime et imprudente épreuve! Mais courage, grand roi! souviens-toi de Pélage, ton royaume ne te manquera pas, non plus que la gloire dans les siècles à venir!

Il partit et bientôt se firent sentir les obstacles innombrables qu'il avait à surmonter.

L'armée privée d'habiles généraux, d'officiers d'armes spéciales et surtout d'un matériel indispensable dans un pays aussi coupé que l'Espagne, toutes choses dont les ennemis étaient, grâces au soin de l'Angleterre, abondamment pourvus, fut obligée dès le second jour de renvoyer les quelques pièces d'artillerie qu'elle avait à

grand frais fait préparer pour cette expédition.
L'Èbre, qu'il s'agissait de franchir, opposa un nouvel obstacle. Grossi par la fonte subite des neiges,
il n'était plus guéable. De là hésitation de quelques jours, qui donna aux ennemis le temps de
regagner l'avance que l'expédition avait sur eux.
Elle dut alors renoncer à passer l'Èbre à leur vue
et se dirigea vers la Catalogne. Deux fois dans le
haut Arragon, à Huesca et Barbastro, attaquée
par les Christinos, l'armée expéditionnaire la mit
en complète déroute. Et deux fois le manque
d'artillerie et l'infériorité de sa cavalerie l'empê-
cha de profiter de ces victoires.

Arrivée en Catalogne, l'expédition trouve une
autre armée ennemie fraîche et bien pourvue de
tout, qui, sous les ordres du Baron de Meer, a
mission de la poursuivre, pendant que les deux
armées défaites vont se rallier sur l'Èbre, se bor-
nant dorénavant à garder la ligne de défense que
ce fleuve offre aux provinces du centre. Au milieu de privations de toutes sortes et de tous les
instans, l'expédition échappe encore à cette armée et va passer l'Èbre entre les deux armées
chargées de le garder.

Ayant fait sa jonction avec l'armée de Cabrera, l'expédition se repose un mois dans le fertile royaume de Valence, et les ennemis établissent une nouvelle ligne d'opération dans les vallées qui s'étendent de Saragosse à Cuença, se plaçant ainsi entre le roi et sa capitale. Une nouvelle victoire (1) et une contre-marche habile forcent cette nouvelle ligne, et six jours de marche forcée portent l'armée carliste aux portes de Madrid.

Je ne parlerai plus du dévouement de ces braves soldats qui, tous, volontaires, sans solde, souvent sans rations, toujours sans logement, loin de faiblir et de se débander après quelques échecs, redoublaient de bravoure et de résignation, les yeux attachés sur leur Roi. Je ne parlerai pas non plus de l'enthousiasme des populations qui, sous les yeux de l'armée ennemie, sous le canon de leurs villes fortifiées, éclataient en transports tels, qu'au milieu de la misère la plus affreuse, la marche de l'armée ressemblait à une pompe triomphale. Braves gens qui n'attendaient rien de ceux qui demain allaient

______

(1) La bataille de Herrera ou Villar de los Navarros.

être forcés de les abandonner à des ennemis dont ils avaient tout à craindre : avec cent mille fusils, Don Carlos aurait eu cent mille soldats de plus (1).

L'usurpation, forte de la faiblesse de l'expédition seulement, joua bravement sa dernière carte et ferma les portes de Madrid : elle savait qu'il n'y avait pas un seul canon pour les enfoncer. C'eût été un faible obstacle à l'enthousiasme de l'armée de Don Carlos. Quelques bataillons eussent aisément escaladé les remparts vieux et dégarnis de cette Cité égarée. Mais le Roi trouva dans son cœur le courage de faire une grande faute, faute que n'ont jamais faite les usurpateurs. — Nouvel Henri, il craignit pour sa capitale les horreurs d'un assaut.

Le roi, contre le cri de toute son armée, résolut d'attendre des renforts et l'artillerie que le

(1) Le manque d'armes se faisant sentir, comme nous l'avons déjà dit, on s'était fait une loi de ne recevoir de nouveaux volontaires que ceux qui se présenteraient complètement armés, et dans les vingt-quatre heures que l'armée expéditionnaire passa sous les murs de Guadalaxara, trois mille hommes qui apportaient leurs armes furent incorporés dans les rangs de l'armée.

général Zariateguy, libre de tout ennemi, lui amenait des provinces Basques (il était alors à Valladolid), et de livrer une dernière bataille sous les murs de Madrid. Vainqueur, il régnait tranquillement sur l'Espagne. Mais la Providence voulut le soumettre à une nouvelle épreuve. Le secours attendu n'arriva pas à temps, et 'linactivité du chef de l'état-major général fit éprouver un échec décisif (1). Force fut alors de se retirer dans les montagnes de la Vieille-Castille. Deux mois Don Carlos essaya d'y reprendre l'offensive et ne put y parvenir. Ne consultant que son courage, il voulait y établir ses quartiers d'hiver; mais il eut pitié de son armée. Six mois d'épreuves et de privations continuelles l'avaient exténuée, il reprit le chemin de ses fidèles provinces.

Voyons maintenant quels furent les résultats de cette expédition : Deux armées ennemies détruites, les campagnes de la principauté de Cata-

(1) Le général Moréno, dout les vieux services méritaient sans doute la confiance de S. M., mais chez lequel les années avaient paralysé cette activité qui est iudispensable dans le poste qu'il occupait.

logne, des royaumes d'Arragon, de Valence, de Murcie et de Castille-la-Vieille, enserrées dans un réseau d'organisation carliste tel, qu'à peine les villes principales et les points fortifiés y peuvent échapper; sur les trois points principaux de ces provinces, des corps d'armée réguliers ayant leurs communications libres et directes avec Don Carlos, lesquels corps présentent un total de quatre-vingt mille hommes armés et organisés en bataillons, et qui sont ainsi répartis : quarante mille hommes dans la Navarre et les provinces Basques, vingt-cinq mille en Catalogne, et quinze mille sous les ordres de Cabrera; encore dans cette nomenclature ne comptons-nous pas les mille bandes de guérilleros qui se montrent jusques aux portes de Madrid. Et puis l'Espagne n'a-t-elle pas donné hautement cette manifestation qu'on était venu chercher? Comment, s'il en était autrement, cette armée, qui a été quelquefois composée de près de vingt mille hommes (lors de sa réunion avec Cabrera), et qui n'a jamais eu cent mulets chargés de vivres à sa suite, aurait-elle pu subsister dans un pays aussi peu cultivé que l'Espagne, pendant des marches qui ont été toujours tellement inquiétées, rapides et incessantes, que les réquisitions de vivres étaient même impossibles (1).

De l'autre côté, que voyons-nous? Le libéralisme révolutionnaire prendre une force et un accroissement extraordinaire, désorganiser tout, passer des populations des villes aux cortès du royaume, des cortès au ministère; essayer vingt constitutions différentes, s'infiltrer dans les rangs de l'armée, y provoquer des insurrections et des massacres odieux. Par lui la Catalogne est tranquillement en possession de n'obéir qu'aux juntes de ses villes, n'entrant pour rien dans les subsides d'hommes et d'argent que l'usurpation impose aux provinces qui lui obéissent. C'est au libéralisme que l'on doit les scènes sanglantes de Barcelonne et Saragosse; c'est lui enfin qui a dissipé dans ses orgies les dernières richesses de l'Espagne, les tableaux et les trésors de ses églises (2). Tout puissant enfin, il se serait depuis

(1) Tous les faits que nous mentionnons dans cette note étant d'une exactitude officielle, nous mettons à défi les agens de l'usurpation de les démentir.

(2) Une fille publique, sortie de la dernière classe de la société, nommée la *Concha*, dont les relations avec le ministre Men-

longtemps débarrassé de cette enfant qu'il nomme sa reine, s'il ne préférait la garder pour l'exposer à la pitié de l'Europe, comme ces enfans déguenillés, loués à vil prix, que des mendians font pleurer à la porte de nos églises.

Il ne faut pas s'étonner de voir le parti de l'usurpation s'affaiblir en raison de l'accroissement du libéralisme. Les révolutionnaires, tous gens de petit commerce et d'industrie, n'ont à supporter presque aucune des charges de cette guerre cruelle ; ils ont toujours assez d'argent ou de crédit pour échapper aux nombreuses conscriptions ; ce ne sont pas eux qui ont à loger et à nourrir le soldat, et leurs ressources restant les mêmes, leur position, leur nombre s'améliore et s'accroît comparativement à ceux sur qui pèsent ces charges. Aussi l'usurpation proprement dite n'a-t-elle plus d'autre appui, d'autre soutien que son armée et ses places fortes.

Examinons cette dernière ressource.

dizabal étaient publiquement avouées et connues , portait dans les rues de Madrid un collier de diamans estimé 180,000 francs, et pris à une statue de la Vierge de la cathédrale de Tolède.

De six corps d'armée active que l'usurpation possédait en 1836 ( outre les corps de réserve, l'armée d'Andalousie et la garde ), trois seulement existent encore : celui de l'Èbre, l'armée de Catalogne et celle du royaume de Valence. De ces trois corps, deux sont tellement affaiblis, qu'en Catalogne le baron de Meer se contente de jouer aux barres avec le chanoine Tristany ; et dans les plaines de Valence, Oraa, qui est peut-être le meilleur des généraux d'Isabelle, ne peut tenir la campagne contre l'étudiant Cabrera. Capitales, villes fermées et petits forts sont occupés par les régimens provinciaux, espèce de garde nationale mobilisée. Le troisième corps, composé de la garde et des meilleurs bataillons de quelques régimens, est sous les ordres du général Espartero. Eh bien ! nous avons vu ce corps d'armée, impuissant contre les restes de l'expédition, la laisser tranquillement regagner ses quartiers d'hiver, et dernièrement ce général, quittant le bâton de commandement pour la hache de grand-prévôt, borner ses opérations militaires à venger les assassinats de Pamplona et de Vittoria.

Pourtant la supériorité militaire est incontestablement du côté de l'usurpation, et les motifs nous les avons déjà indiqués.

Don Carlos manque de corps spéciaux et d'officiers pour les diriger; si dans les provinces Basques, sous l'empire du génie de Zumalacarreguy, on a pu fondre ou forger grossièrement quelques canons, ou, à force d'industrie, faire servir de vieilles pièces abandonnées depuis des siècles, on n'a pas pu pour cela créer une artillerie. Les chevaux, les selles, les armes ont manqué pour la cavalerie, si nécessaire les jours de retraite comme les jours de victoire. Souvent, dans le courant de l'expédition, une maison crénelée à la hâte, et défendue par cinquante hommes, a fait détourner de son chemin l'armée entière, qui eût dû dépenser pour s'en rendre maître un sang et un temps trop précieux pour les prodiguer. Équipages des ponts, vêtemens, chaussures, munitions, tout a manqué à cette expédition qui, pour se procurer ces objets ou s'en passer, a déployé une énergie et une constance qui, servie par des moyens meilleurs, eût produit les plus grands résultats.

L'armée ennemie, au contraire, riche de tout

ce matériel, lui a dû tous ses succès; outre l'artillerie donnée, celle prêtée et celle vendue par l'Angleterre, le général Espartero ne s'est jamais séparé des batteries volantes de la légion algérienne, qui, admirablement dirigées et servies ; dans plus d'un cas, ont fait pencher pour lui la balance indécise. Souvent l'immense supériorité de la cavalerie ennemie a forcé Don Carlos à abandonner des plaines où il aurait trouvé plus de ressources pour nourrir et vêtir son armée.

Et ces villes qui souvent, malgré leurs habitans, ont vu leurs murailles fermées à celui qu'en secret ils désirent comme un libérateur ! et ces milliers de villages fortifiés, de forts, de têtes de ponts, restes du système de domination des Maures; et qui, pendant la guerre de l'indépendance, furent relevés pour la défense de leur pays ; voilà ce qui constitue la supériorité militaire de l'usurpation, et qui l'a soutenu jusqu'à ce jour !

Terminons ce tableau, dont l'histoire des siècles passés n'offre aucun exemple. Des campagnes désertes et dévastées; des provinces entières en

proie à la disette la plus irrémédiable ; des bandes
de paysans qui, livrés au désespoir, suivent affamés
les armées des deux partis, et qui, égarés par le
désespoir, se livrent aux atrocités les plus épou-
vantables. — Dans les villes, le crime et le vice
libres et fiers ; les liens de famille brisés, les lois
violées et méprisées ; partout l'action du gouvernement nulle, le cours de la justice impossible ;
— l'honneur, la vie, la propriété abandonnés au
bon plaisir du dernier vainqueur. — Un peuple
entier enfin qui se demande s'il est mis au ban
des nations, pour qu'on le laisse ainsi marcher vers
la barbarie, et qui, implorant à grands cris une
fin quelconque à ses crimes et à ses malheurs,
maudit l'Europe qui la lui refuse. — Voilà le
spectacle que depuis cinq ans l'Espagne nous présente.

Certes, il n'est personne qui ne sente qu'il faut
se hâter de mettre fin à cet état de choses. —
L'Europe, dans toutes ses classes, dans toutes ses
parties, a intérêt à ce que l'usurpation et le crime
ne régnent pas plus longtemps en Espagne. Nous
ne parlerons pas de cet intérêt moral si puissant,
qui veut que les souverains ne soient pas en de-

hors du droit commun; que pour eux et leur héritage il y ait une justice comme pour la personne et l'héritage du plus pauvre des cultivateurs. Consacrer le principe contraire, serait les autoriser à employer à leur avantage, quand ils sont les plus forts, ce principe, dont faibles ils auraient été victimes. — Et pour les nations, quel enseignement que celui que présente l'Espagne! Quoi! le crime sous toutes les formes, l'oubli de toutes les lois, le mépris de tout ce qui est sacré, sera-t-il sanctionné par l'impunité, parce qu'il est organisé sur une base immense; et ce qui, sous la législation de tous les pays, serait justiciable des dernières peines, deviendra-t-il vertu, pour être commis par la moitié d'une nation?

Quoi que puisse dire l'égoïsme de la diplomatie, les nations sont toutes membres d'un même corps, et aucune ne peut être tourmentée d'une maladie violente, ni retranchée de la civilisation, sans que les autres n'en souffrent gravement. Cette vérité est encore plus flagrante pour l'Europe, — et la révolution française n'est pas assez éloignée pour que besoin nous soit d'en rappeler les effets.

L'Espagne n'est pas placée dans d'autres conditions, son action sur le reste de l'Europe a été de tous les siècles. — Il ne nous faudrait pas un grand travail pour prouver que, sans agir jamais peut-être comme premier moteur de la civilisation en Europe, toujours au moins y a-t-elle apporté son contingent; et que, depuis Sylla jusques à Napoléon, aucun conquérant n'a rêvé une domination universelle sans essayer d'étendre ses racines sur le sol de la Péninsule.

Mais parlons un langage sinon mieux compris, du moins plus apprécié dans ce siècle, celui des intérêts matériels : ceux de toute l'Europe y sont compromis. — La Russie comme la Prusse, l'Autriche comme la France, perdent chacun des jours du règne de l'usurpation. Le Nord, qui lui envoyait ses cuirs, ses bois de construction, ses toiles et sa mercerie de toute espèce, et en échange rapportait son huile, ses vins et ses parfums. Le Midi qui, prenant ses soies et ses laines brutes, les lui revendait dix fois plus cher en étoffes de toutes les formes et de toutes les couleurs : — toutes ces industries sont obligées, pour continuer quelques rares affaires, de s'adresser à des contrebandiers Anglais, et de laisser dans les mains de ces Lombards de notre siècle la meilleure partie de leur gain. — Et ses mines, en possession d'alimenter une partie des marchés de l'Europe de soude, de mercure et de fer ; et l'or de ses colonies, qui fournissait les deux tiers des monnaies frappées en France, en Hollande, en Autriche et en Angleterre. Voilà autant de sources de richesses taries ou paralysées pour l'industrie ou le commerce de l'Europe

Les finances de l'État qui, liées, par des charges et des emprunts, à bien des intérêts publics et particuliers, entraîneraient, par une banqueroute définitive, une série de bouleversemens et de dommages dont les suites se feraient longtemps sentir ; — ces finances, de quelle manière ne sont-elles pas dissipées, gaspillées et détruites.

Et ( comme nous n'en doutons nullement ) lorsque le parti de Don Carlos, à force de temps, de sang et de sauvages efforts, aura seul, sans secours matériel comme sans aide morale, secoué le réseau de ruine et d'usurpation dont on a enveloppé l'Espagne, et reconquis pour son pays une

place aux assemblées de la civilisation euro-
péenne; de quel droit osera-t-on demander à ce
monarque qu'il y occupe une place de frère?
De quel droit demandera-t-on qu'il plie ses lois
aux intérêts et convenances des mœurs de ses
voisins ; ou que, renonçant à récompenser ceux
qui pour lui ont versé leur sang et leurs trésors,
il reconnaisse la dette qu'a accumulée l'usurpation, et tienne compte de l'argent dépensé pour
l'avilir ou le combattre? Ce serait une lâcheté
que ne commettra pas celui qui depuis cinq ans
déploie tous les genres de courage; et si contre
l'Europe il avait pu conquérir sa couronne, sans
elle il pourrait la porter.

Il nous reste à parler des graves inconvéniens
qu'entraînerait l'abolition de la loi salique en Espagne.

Cette loi, à sa première application en Europe,
la trouva divisée en un dédale de petits royaumes,
de provinces et de fiefs, dont les possesseurs unis
entre eux, ou pour mieux dire, désunis par des
alliances sans nombre, se trouvaient souvent
avoir plus de droits à la couronne de leurs voisins

qu'à la leur propre. La France fut la première nation qui l'adopta comme loi fondamentale, et tous les publicistes s'accordent à dire qu'elle fit plus encore pour l'agrandissement et la constitution définitive de ce royaume, que ne fit l'épée de ses princes ou l'habileté de ses politiques. Remise une fois en question, elle attira sur la France la plus longue et la plus sanglante guerre que nous montrent ses annales. Bien qu'en dehors de cette loi, puisqu'il était électif, l'empire d'Allemagne présenta par le fait les mêmes résultats, et ces deux empires, qui furent long-temps les deux seules puissances de premier ordre en Europe, profitant pour eux des avantages d'un ordre de choses qu'ils empêchaient souvent de s'établir chez leurs voisins, doivent à cette politique quelques-unes de leurs plus belles provinces.

Autour de ces deux grands corps d'état, se grouppèrent d'autres plus petits, qui, par le bénéfice de cette même loi, s'arrondirent et se constituèrent définitivement. En date chronologique, l'Espagne fut la dernière.

Le Portugal, l'Angleterre et la Russie sont seules aujourd'hui hors de cette loi générale.

Mais la Providence, que l'on est d'accord à présent d'appeler la force des choses, plaçant ces trois états dans une position exceptionnelle, les a dispensés par le fait de s'y soumettre.

Le Portugal est une toute petite province, qui placée à moitié chemin du centre de l'Europe au pays des sauvages, est par-dessus le marché tellement desséchée, constitutionalisée, réduite et anglaisée, que certes elle n'était tentation pour personne qui possédât quelque chose, et qu'un cadet d'une branche cadette, ou un prince ennobli de l'an passé pouvaient seuls s'en contenter.

La position géographique de l'Angleterre la met activement et passivement à l'abri de passions ambitieuses ; son rôle à elle est de pêcher en eau trouble ; ses guerres n'ont jamais été que des spéculations à main armée. — D'ailleurs nous ne savons pas jusqu'à quel point cette puissance redoute pour elle ces guerres et ces déchiremens qui font

Je malheur et la ruine des autres états : cette nation a tellement pris l'habitude de spéculer sur les désordres et de s'enrichir par les révolutions, qu'il se pourrait bien qu'elle trouvât matière à spéculation et à bénéfice dans les siens propres.

Pour la Russie, c'est tout autre chose : l'immensité de ce vaste empire le met au-dessus de toute ambition comme de toutes tentatives. Dieu l'a dit, car pour en porter dignement la triple couronne, il donna un plus noble front et un bras plus fort aux successeurs de Pierre-le-Grand qu'aux autres souverains de la terre.

Et encore nous voyons que les législateurs de ces peuples n'ont pas regardé comme suffisante la garantie que leur faisait une position exceptionnelle et une religion nationale ; et, par des Pragmatiques et des pactes de famille, ils ont cru devoir régler les successions comme les alliances de leurs Princes, ne négligeant ainsi aucun moyen de prévenir les difficultés qui sont toujours la suite des changemens de dynastie.

L'Espagne ne peut pas être une exception à

cette règle, aujourd'hui générale, et elle est un appât trop beau pour ne pas devenir dangereux. Nous n'avons pas besoin d'énumérer les familles régnantes qui s'en accommoderaient aisément, et qui déjà peut-être convoitent pour un de leurs cadets ce riche apanage. — Mais il pourrait bien arriver que tels de ces partis, s'ils étaient trop beaux, ne convinssent pas aussi bien au reste de l'Europe qu'ils pourraient le faire à la jeune Isabelle. — Pourtant, sous peine de forcer cette Princesse à rester vierge comme sa mère est restée veuve, il faudrait bien lui trouver un mari ; et, si bas que l'on cherche, il y aura toujours des inconvéniens ; car les alliances sont si bizarres aujourd'hui, qu'il n'est pas en Europe si petit Prince qui ne puisse un jour, sur sa tête ou celle de ses descendans, voir tomber quelque couronne.

Mais concluons. — Il n'est pas plus entré dans le plan de l'auteur de cette note de tracer une ligne de conduite aux souverains de l'Europe, que d'indiquer la nature ni la quantité de secours qu'exige la position de Don Carlos.

Dans ce siècle si difficile les souverains ont montré tant de connaissances, les uns de leurs devoirs, les autres de leurs intérêts, qu'il est inutile de leur rappeler ce que coûte, ce que vaut une couronne. — Notre mission a été de dire à l'Europe qu'ils lui doivent ces secours.

Un tableau a été fait de ce qui est nécessaire à Don Carlos pour le faire sûrement triompher, en détruisant la supériorité militaire de l'armée de l'usurpation, et 20 millions ont été trouvés suffisans pour arriver à ce but, soit en donnant à son armée ce matériel dont, nous avons dit qu'elle manque totalement, et lui permettant de se créer des corps d'artillerie et de cavalerie, soit en augmentant dans les rangs ennemis la désertion, déjà très-considérable. Certes cette somme n'est pas difficile à trouver; car elle n'est que ce que l'on dépense aux pompes d'un couronnement; — la moitié de ce que coûte un palais à construire; — le double de ce qu'un ambassadeur destiné à des fêtes de quelques jours.

*Avril 1838.*

Un Officier au service de Don Carlos.

www.ingramcontent.com/pod-product-compliance
Lightning Source LLC
LaVergne TN
LVHW012101030726
842523LV00002B/657